AF243155

LETTRE POLITIQUE

A MONSIEUR

LE DUC D'AUDIFFRET-PASQUIER

PAR

UN COMMERÇANT

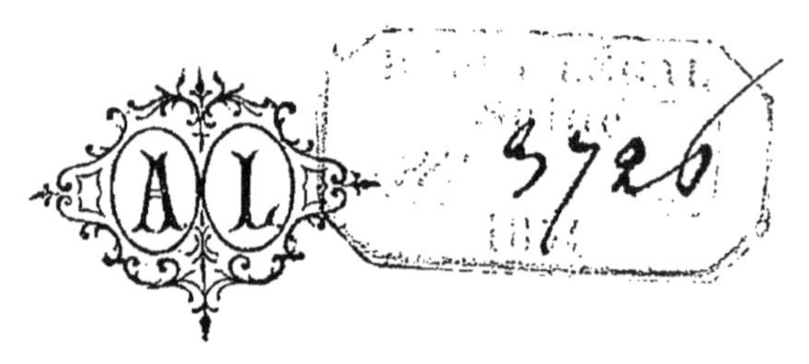

PARIS

L. LE CHEVALIER, ÉDITEUR

61, RUE DE RICHELIEU, 61

—

1874

LETTRE POLITIQUE

A MONSIEUR

LE DUC D'AUDIFFRET-PASQUIER

Monsieur le duc, je ne suis pas un grand clerc en politique. Mes devoirs de père de famille et de commerçant ne me laissent pas le loisir de méditer longuement sur la chose publique. Je sais cependant que les affaires vont de mal en pis. Je sais aussi qu'il n'y a pas de prospérité possible pour un pays vivant au jour le jour, sans organisation régulière, toujours exposé à tomber de Charybde en Scylla ; et je vois le gouvernement se complaire dans cette situation périlleuse avec tant d'aisance et un si étrange aveuglement, que, tout obscur que je suis, je ne retiens plus le cri d'alarme qui s'échappe de ma poitrine d'honnête homme et de bon Français.

Et si, sans avoir l'honneur de vous connaître, sans même vous avoir jamais vu, j'ose vous adresser, monsieur le duc, l'expression de mes anxiétés patriotiques, c'est que vous êtes l'un des membres les plus éminents du principal groupe parlementaire qui soutient le gouvernement, et que, néanmoins, votre action a été assez réservée, assez discrète, pour me permettre d'exprimer librement ma pensée sans toucher directement à votre personnalité politique.

I

Nous autres commerçants, et toute la France laborieuse avec nous, nous avons soif de repos pour travailler à réparer nos pertes particulières et nos désastres publics. Pour cela, il nous faut un gouvernement stable et en harmonie avec les idées, les mœurs, les intérêts de notre temps. Un pouvoir précaire comme celui qui nous gouverne depuis trois ans, dont la transmission est abandonnée au hasard, n'est pas un gouvernement. Cette stabilité après laquelle nous soupirons, nous l'attendions du vote des lois constitutionnelles déposées sous la présidence de M. Thiers. Nous l'avons espérée ensuite de la prorogation des pouvoirs de M. le maréchal de Mac-Mahon. Pour nous, comme pour tous les gens de bien, nommer le maréchal de Mac-Mahon président de la République pour sept ans, c'était s'engager à fixer sans désemparer les conditions dans lesquelles sa haute magistrature serait exercée et transmise ; et comme il n'y a pas de pays au monde où la loi n'ait déterminé la transmission du pouvoir, qu'il soit héréditaire ou électif, il ne pouvait nous venir à la pensée que nos législateurs se déroberaient au moment d'achever leur œuvre et laisseraient la France exposée à se trouver du jour au lendemain sans gouvernement.

Il paraît pourtant que telles sont les intentions du ministère et des partis qui l'appuient. Dans la dernière séance de la commission des Trente,

M. le vice-président du conseil a déclaré que le pouvoir exécutif était suffisamment défini par la loi de prorogation et par les précédents, et M. de Kerdrel a ajouté, sans être contredit, que le septennat était un vestibule qui devait rester vide.

Rapprochées de la loi sur les maires, de la loi électorale élaborée par M. Batbie, et des idées développées par M. de Broglie sur la nomination et les attributions d'une seconde Chambre, ces déclarations révèlent clairement les visées du ministère et de ses amis. Se jugeant impuissants à rétablir la monarchie dans les circonstances actuelles, et ne voulant pas constituer la République, ils maintiennent systématiquement la France dans une situation précaire, attendant des événements les moyens qui leur manquent pour instituer le gouvernement de leurs préférences.

C'est l'agonie de la France et la mort de l'industrie et du commerce.

Il est superflu, monsieur le duc, d'exprimer la nature des sentiments qu'éveille une pareille politique dans le cœur de ceux qu'elle ruine. Mais ils espèrent, ils veulent croire encore qu'elle sera déjouée par le patriotisme de l'Assemblée et du maréchal de Mac-Mahon.

II

L'Assemblée nationale est l'autorité suprême. Elle a droit à l'obéissance et au respect de tous, et ce n'est pas parmi les commerçants qu'elle rencontrera des résistances factieuses. Mais elle a des devoirs sacrés envers la France, et le premier, le plus impérieux de ces devoirs, c'est de lui donner les organes nécessaires à la conservation de la vie nationale, ou de lui rendre son mandat. L'organisation des pouvoirs publics est l'œuvre capitale et la plus urgente de toute Assemblée souveraine. Elle a pu, elle a même dû être suspendue lorsque l'étranger campait au milieu de nous; mais du jour où notre sol a été purgé de sa présence, elle ne pouvait plus être ajournée sans péril. Un peuple sans gouvernement défini est un peuple en décomposition et dont les jours sont comptés.

S'ils se dissimulent la gravité de cette espèce

de nihilisme gouvernemental, vos amis, monsieur le duc, ne nient pas qu'il ait des inconvénients; mais ils prétendent que les esprits sont trop agités et les opinions trop divisées pour établir un gouvernement définitif.

Il est incontestable que les esprits sont émus et inquiets; ils le seraient à moins. Mais où est l'agitation qui fait obstacle à l'œuvre constitutionnelle de l'Assemblée? L'insurrection gronde-t-elle dans nos cités? La loi est-elle méconnue? L'armée manifeste-t-elle des dispositions séditieuses? Sommes-nous menacés dans nos personnes ou dans nos biens? Refuse-t-on le paiement de l'impôt? Non. Jamais l'ordre n'a été mieux respecté.

La France était-elle moins troublée en 1814, en 1830 et en 1848, et l'agitation des esprits a-t-elle empêché alors le rétablissement des Bourbons, l'élévation de Louis-Philippe au trône et la proclamation de la République? D'ailleurs, le calme peut-il renaître tant que les partis se disputeront le gouvernement sans être contenus par des institutions définitives?

Cet argument n'est donc qu'un sophisme.

Celui tiré de la division des opinions ne vaut

pas mieux. Certes, nous sommes loin d'être unanimes sur le gouvernement qui convient à la France de 1874, et nos divisions ne sont que trop réelles. Mais la diversité des idées est-elle une chose nouvelle? N'est-elle pas la loi même de l'humanité? Et laisser ouverte la question gouvernementale, n'est-ce pas aiguiser nos divisions et leur donner plus d'acuité? Allons-nous faire comme ce voyageur qui, ayant rencontré une rivière, s'asseyait sur la rive, attendant que l'eau eût cessé de couler?

III

Mais s'il est vrai que la France soit divisée, l'est-il aussi qu'elle flotte indécise entre les diverses formes de gouvernement? Par ses élections politiques depuis trois ans, et surtout depuis que vos amis sont au pouvoir, ne s'est-elle pas ouvertement prononcée pour la République?

Il est indéniable que le suffrage universel veut

la République; mais on objecte qu'il est aveugle et qu'il se trompe, — objection sans valeur, puisque l'établissement de la République et sa chute finale pourraient seuls démontrer la clairvoyance de ceux qui la formulènt, — et on ajoute, ce qui est plus grave, que l'Assemblée nationale, dont la majorité est monarchique, s'opposera toujours à la fondation de la République.

Je n'hésite pas à affirmer que ce langage est calomnieux pour nos représentants. L'Assemblée nationale, je l'ai déjà reconnu, est la plus haute autorité du pays. Nul ne peut appeler de ses décisions qu'à elle-même. Elle est supérieure à tous les pouvoirs publics. Mais cette autorité suprême, elle l'a reçue tout entière de l'élection ; aucun de ses membres ne possède en propre le plus léger droit législatif ou constituant ni la moindre prééminence sur ses concitoyens ; ses décisions ne sont souveraines et ne commandent l'obéissance que parce qu'elle résume la France et parle en son nom. Si elle avait rétabli la monarchie avant que la France ne se fût prononcée, tous les hommes d'ordre auraient respecté son œuvre, l'eussent-ils jugée éphémère et néfaste : sa voix est la voix même de la France quand celle-ci se tait. Mais lorsque, réunie dans ses comices et dans le plein exercice de sa souveraineté, la France a parlé elle-même et s'est prononcée pour la République, la cause est entendue, la question est jugée, et les autorités qu'elle a instituées n'ont plus qu'à obéir. C'est seulement à ce prix qu'elles peuvent, à leur tour, commander l'obéissance aux citoyens.

L'Assemblée est dans l'ordre politique, à certains égards, ce qu'est la Cour de cassation dans l'ordre judiciaire : l'une doit réaliser la volonté patente ou présumée de la France, comme l'autre fait respecter la lettre et l'esprit de la loi. Hors de là, il n'y a que tyrannie, usurpation, arbitraire.

Que vos amis, monsieur le duc, fassent leur devoir en présentant les lois nécessaires à l'organisation de la République présidée par M. le maréchal de Mac-Mahon : l'Assemblée fera le sien en les votant, ou, si sa foi politique lui défend d'organiser la République, — en restituant son mandat à la France,

IV

Mais laissons l'Assemblée nationale à ses inspirations, et puisque, — la question gouvernementale n'étant pas légalement résolue, — une minorité respectable tient encore la majorité en échec, examinons loyalement, sans parti pris, laquelle, de la République ou de la monarchie, personnifie le mieux notre France et donne le plus de garanties à ses intérêts moraux et matériels. Aussi bien, la forme du gouvernement découle plutôt des institutions et des idées générales du pays que des volontés individuelles, et pour gouverner la France avec autorité, la République doit avoir d'autres titres que l'adhésion d'une majorité plus ou moins bénévole.

Il serait oiseux de rechercher si le régime monarchique est supérieur ou inférieur en lui-même au régime républicain. Puisqu'ils ont eu

tous deux leurs époques de grandeur et de dé-
cadence, c'est apparemment qu'ils tirent leur
force du pays qu'ils gouvernent, et que l'état
politique et social d'une nation, ses institutions,
ses idées et ses mœurs peuvent leur donner
tour à tour une supériorité relative. Cela suffit
pour délimiter le champ de cette étude, et c'est
à l'état actuel de la France que nous demanderons
la formule de son gouvernement.

Mais déblayons d'abord le terrain d'une accu-
sation que l'on adresse souvent à la République
et qui me semble peu fondée. On lui impute
toutes les lugubres tragédies révolutionnaires,
l'insurrection de Juin, la Commune, et on la
présente comme fatalement vouée à la violence
et à l'oppression.

Je prierai de vouloir bien remarquer que tous
les crimes dont on l'accuse sont des faits de révolution ou de guerre civile, et se souvenir que
les guerres civiles et les révolutions ont engen-
dré d'atroces cruautés dans tous les temps et
chez tous les peuples. Les factions religieuses
n'ont pas été plus tendres sous les Valois que les
factions politiques sous les Bourbons. La terreur
blanche a peu de chose à envier à la terreur

rouge. Les cours prévôtales ne diffèrent guère des tribunaux révolutionnaires que par le nom. Et les assassinats du maréchal Brune et des frères Faucher valent ceux des généraux Lecomte et Clément Thomas. La République n'est pas plus responsable des crimes accomplis sous son nom que la Monarchie ne l'est de ceux consommés sous son règne.

La République l'est peut-être moins, car elle n'a jamais existé en France à l'état de gouvernement régulier, accepté.

Née d'une révolution formidable, condamnée à tendre tous les ressorts du gouvernement pour résister aux assauts combinés de l'Europe et d'insurrections implacables, la première république, épuisée par ses luttes gigantesques, a été confisquée lorsqu'elle sortait à peine de sa phase dictatoriale. Un entraînement funeste a livré celle de 1848 à son ennemi naturel ; et quant à la république de 1870, elle est encore en tutelle, et ses tuteurs, on en conviendra, se soucient médiocrement de sa fortune.

Il est donc vrai de dire, et aucun homme de bonne foi ne contestera que pour la France, la République est encore un gouvernement neuf qui n'a eu ni le temps ni l'occasion de donner sa mesure.

Cela étant, nous ne pouvons mieux faire que de commencer par étudier l'histoire de la royauté française, car si la Monarchie peut encore sauvegarder les intérêts de notre société, il est inutile de tenter l'épreuve de la République. Voyons donc, par ce que la royauté a été dans le passé, ce qu'elle peut être dans le présent.

V

La royauté s'est établie en France avec et par la conquête. Nos ancêtres les Gaulois avaient des chefs, non des maîtres.

Les premiers rois francs sont moins des souverains que des chefs d'armée. Leur pouvoir direct ne s'étend pas au delà des lieux qu'ils occupent. Leurs lieutenants exercent la même autorité qu'eux-mêmes dans leurs commandements respectifs. Aucune idée de nationalité ne se rattache à leur dignité. A leur mort, leurs enfants se partagent ou se disputent le gouvernement, comme ils feraient d'un simple domaine; c'est l'anarchie en permanence.

Après quelques siècles, cette anarchie trouve sa formule et son expression dans la féodalité, et pour consacrer ce régime, les Capétiens succèdent aux Carlovingiens. A cette époque, le temps a consommé la soumission des peuples de la Gaule et consolidé la conquête. Chaque chef a fait souche et obtenu l'hérédité de sa charge. Le roi est le chef suprême, sa mort n'est plus le signal du démembrement du pays, mais il ne gouverne directement que ses propres domaines. Dans le reste de la France, c'est-à-dire en dehors de Paris et de sa banlieue, il n'a que les droits d'un suzerain, et le gouvernement appartient aux ducs, aux comtes, aux barons, qui sont les véritables souverains.

Ainsi, dans les premiers temps de la troisième race, le roi ne se distingue pas de la haute noblesse. Si son autorité est héréditaire, celle de ses vassaux l'est aussi et au même titre. Il n'est que le premier entre ses pairs et il n'est pas toujours le plus puissant.

Notons ce point, monsieur le duc. Peut-être sera-t-il intéressant de nous le rappeler lorsque nous aurons à conclure.

Cependant, malgré sa faiblesse matérielle, la royauté avait une force intime bien supérieure à celle de la féodalité. Les grands pouvaient changer le roi, mais il leur était défendu de toucher à la royauté, clef de voûte du régime féodal, sans ruiner leur propre autorité de fond en comble. Comment, en effet, conserver l'hérédité de leurs pouvoirs locaux et provinciaux s'ils suppriment celle du pouvoir national? Le roi, au contraire, pouvait réduire le pouvoir des grands, le déplacer et même l'absorber peu à peu, sans compromettre le principe de son autorité ni attaquer ouvertement celui de la féodalité. Aussi le voyons-nous favoriser de toutes ses forces l'émancipation des communes et encourager dans toute la France la fondation de véritables républiques municipales, pour transférer à des conseils d'échevins naturellement pacifiques une part de la puissance de ses barons batailleurs. Après s'être assuré cette base d'opération, la royauté poursuit vivement les hostilés contre la féodalité, son autorité grandit par l'abaissement de ses vassaux comme par son propre développement, la noblesse s'incline chaque jour un peu plus sous son sceptre, et elle parvient enfin à régner sans partage.

On saisit facilement, monsieur le duc, la raison de l'extension prodigieuse de la puissance royale. Tout concourait à sa fortune. Placée au sommet d'une société constituée sur le principe de la suprématie de la naissance, où les pouvoirs publics appartenaient héréditairement à un petit nombre de familles, la royauté était invoquée par les classes inférieures comme une autorité tutélaire et respectée par la classe gouvernante comme la garantie de sa primauté.

Dans un intérêt facile à comprendre, les royalistes essaient d'attribuer une pensée d'émancipation populaire à la lutte de la royauté contre la noblesse, et l'un de leurs chefs les plus honorables, M. le marquis de Franclieu, écrivait l'année dernière que la royauté avait détruit la féodalité « pour élever progressivement les « masses jusqu'à l'égalité civile et politique ». Je ne veux pas douter de la sincérité du noble marquis, mais l'histoire contredit légèrement son dire et donne à la politique de nos rois un mobile un peu plus humain et un peu moins angélique.

En effet, lorsque la main de fer de Richelieu eut porté le dernier coup à la féodalité et courbé tous les fronts, les priviléges et les prérogatives de la noblesse ne lui portant plus ombrage et servant à rehausser l'éclat de sa couronne, la royauté les maintint avec un soin jaloux. Elle confisquait en même temps les libertés municipales qu'elle avait contribué à édifier, en retirant aux villes l'élection de leurs administrateurs, pour créer des offices municipaux sans règle ni mesure et à prix d'argent. Elle livrait enfin les provinces à l'arbitraire de ses intendants, sans avoir égard aux immunités qu'elle leur avait garanties lors de leur réunion à la couronne. De sorte que les populations se sont vues taxées directement par le fisc sans être exonérées de leurs redevances envers leurs seigneurs, et soumises sans aucun recours à la double oppression des agents de la haute noblesse et de ceux de la royauté. Voilà ce qu'elles ont gagné à la destruction de la féodalité et comment la royauté a travaillé à leur élévation.

A cette date de notre histoire, vers le milieu

du xviie siècle, il ne reste plus rien des anciennes institutions françaises. Obéissant aux lois de l'attraction, toutes se sont confondues dans la royauté. Le roi est la loi vivante de la France, la pensée qui conçoit, le bras qui exécute. Il administre les provinces et les villes, réglemente l'industrie et le commerce, inspire la littérature, dirige les arts. Il est à ce point l'alpha et l'oméga de la vie nationale que les descendants de ces fiers barons du moyen âge, dont ses prédécesseurs imploraient autrefois l'appui, se disputent maintenant l'honneur de composer sa grande domesticité. Seul, le domaine religieux échappait encore à sa domination par son caractère cosmopolite : la déclaration gallicane de 1682 et la révocation de l'édit de Nantes comblent bientôt cette dernière lacune.

Nous voici parvenus à l'aurore du xviiie siècle. La royauté française est bien véritablement omnipotente ; la distinction des classes et la suprématie des grands sur les petits ne sont plus que les formes variées de leur commun asservissement, et Louis XIV peut dire sans hyperbole : l'État, c'est moi ! Oui, l'État, c'est le roi ! Mais en absorbant l'État, la royauté a tari les sources

de sa vie, son triomphe donne le signal de son
déclin, elle s'affaisse visiblement sur elle-même,
et moins d'un siècle plus tard, elle s'écroule.

VI

Nous venons de voir comment la royauté,
émergeant progressivement de la race conqué-
rante et des autorités féodales, a successivement
absorbé toutes les souverainetés provinciales et
concentré dans sa main tous les pouvoirs publics
jusqu'au moment où, arrivée à la puissance absolue, ne rencontrant plus aucune résistance,
mais aussi n'ayant plus aucun appui, elle s'est
affaissée sous son propre poids. Se peut-il, monsieur le duc, qu'un pareil spectacle reste sans
enseignements pour ceux qui ambitionnent l'honneur de nous gouverner? Cet effondrement, en
pleine paix, d'une monarchie de quatorze siècles,

sortie victorieuse jusque là des plus dures
épreuves, peut-il s'expliquer par un changement
soudain dans l'esprit public? N'a-t-il pas, au contraire, des causes anciennes et profondes? Ce
peuple français, dont l'inaltérable docilité inspi-
rait de si mélancoliques retours à Jacques II,
a-t-il pu brusquement changer de caractère et
devenir tout-à-coup séditieux?

Dans l'ordre moral et politique, comme dans
l'ordre physique, rien n'éclot qu'après une lente
germination. La royauté avait reçu des événements de notre histoire la mission de reconsti-
tuer la France et de préparer la fusion des classes pour former un peuple nouveau et accomplir
ainsi l'œuvre finale de la conquête. Favorisée par
le caractère pour ainsi dire rectiligne de notre
race, elle a accompli sa mission par le procédé le
plus simple et le plus énergique, en attirant à
elle toute l'autorité, toute la vie nationale,
comme si elle avait voulu encourager le peuple
à reconquérir tous ses droits d'un seul coup.
Mais arrivée à la plénitude de la puissance, la
royauté cessait d'être un instrument de progrès
pour devenir un obstacle à l'émancipation finale
des masses, et la France était placée dans l'al-

ternative de briser l'obstacle ou de se courber sous la servitude.

Si ces déductions sont rigoureusement exactes, et je ne crois pas qu'un esprit réfléchi et sans préventions puisse les contester, à part le respect dont les cœurs bien placés accompagnent toujours les grandeurs éclipsées, qui peut regretter que nos pères aient résolûment sacrifié la royauté à la rénovation de la nation ?

Sans doute, les événements auraient pu être moins précipités. Après la chute de la féodalité, quand la royauté s'attaquait aux immunités locales et provinciales, la noblesse pouvait prendre la défense des libertés publiques, conserver ou reconquérir une certaine autorité politique dans l'État, et retarder à la fois les empiétements et la perte de la royauté. Mais est-ce notre faute, à nous, si la noblessse française n'a cessé d'être factieuse que pour se faire servile ?

VII

Lorsque les désordres financiers de la monar-chie l'ont appelée à réformer son gouvernement, la France a sanctionné le long travail des siècles et le développement de sa civilisation, en donnant pour bases à son droit public :

L'égalité civile et politique de tous ses enfants ;

Leur égale admissibilité à toutes les fonctions publiques ;

La liberté de la conscience et des cultes et, comme conséquence, celle de la parole et de la presse ;

Le respect absolu de la propriété ;

L'obligation pour chacun de concourir à la défense du sol et de participer aux charges publiques suivant ses facultés.

Et pour renfermer l'autorité publique dans sa

sphère d'action, elle a prescrit la division des pouvoirs.

C'est en cherchant à formuler ces principes et à les introduire dans l'ordre politique, que nos pères ont heurté et renversé la royauté. Elle jouissait alors d'un immense prestige, dû à sa durée quatorze fois séculaire. Elle était entourée d'un respect presque religieux. Elle n'avait pas d'ennemis ; personne ne songeait à l'attaquer au début de la Révolution. Cependant, elle a succombé. C'était déjà une grave présomption que façonnée pour gouverner une société hiérarchique, fondée sur le privilége et l'autorité, elle est incompatible avec un peuple libre et égalitaire.

La chute de la Restauration et celle du gouvernement de Juillet l'ont démontré depuis jusqu'à l'évidence.

Aujourd'hui, ce droit public a reçu la consécration du temps. Il est bien notre commun héritage ; nous l'avons sucé avec le lait, il est entré dans notre sang ; et il se trouve encore, non des aventuriers, mais des hommes considérables, respectables, pour rêver, contre la volonté non équivoque de la France, le rétablissement d'une institution tant de fois condamnée par les événements ! Est-il donc vrai que la passion politique peut oblitérer les consciences les plus droites, aveugler les esprits les plus éclairés ?

VIII

Si je ne me trompe, monsieur le duc, vous avez appartenu et peut-être appartenez-vous encore à l'école politique qui se flatte d'adapter la royauté aux besoins de notre société moderne, en l'entourant de deux Chambres législatives et en lui donnant un ministère responsable pour facteur.

J'ai partagé cette illusion ; je l'ai perdue quand M. Guizot a failli à sa belle promesse : « Toutes les politiques vous promettront le progrès, la politique conservatrice seule vous le donnera. »

J'ai reconnu alors et l'histoire démontre d'ailleurs que la volonté humaine est impuissante contre la force des situations.

Outre que le caractère français s'accommoderait difficilement d'une royauté fainéante, une institution ne peut faire abstraction de ses origines, de ses traditions, sans cesser d'être, et il ne se peut pas qu'après avoir été tout, la royauté française ne soit plus rien. Comment convaincre le titulaire d'un poste si élevé qu'il doit se borner à donner des signatures, et se désintéresser de la direction d'un gouvernement dont, malgré toutes les fictions, il encourt la responsabilité au moins morale? Ce serait demander à l'abnégation et aussi, disons-le, à la dignité, beaucoup plus qu'elles ne peuvent accorder. Le roi aurait donc sa politique à lui, et comme elle rencontrerait certainement des résistances, nous verrions se renouveler les conflits entre le gouvernement et le pays.

C'est le moment de démontrer l'incompatibilité absolue du droit monarchique, même mitigé, avec notre droit public et notre esprit national.

Les monarchistes, qu'ils soient constitutionnels ou traditionnels, professent que la souveraineté se manifeste par l'accord du pouvoir exécutif et du pouvoir législatif, et qu'aussi longtemps que dure leur entente, la Chambre a le droit de

légiférer sur toutes choses et le ministère celui
de gouverner comme il l'entend. C'est ainsi que
la commission dont M. Batbie est le rapporteur
propose d'élever la majorité électorale de 21
à 25 ans, et que M. le duc de Broglie écarte
tous les maires qui ne sont pas à sa dévotion.

Les constitutionnels trouvent exorbitant que
le roi conserve le droit de changer la législation
et de bouleverser l'administration à sa guise;
mais exercé de concert avec trois ou quatre
cents citoyens réunis dans une chambre à Paris
ou à Versailles, ce droit leur paraît juste et
légitime.

Cette conception est la négation à peine
déguisée de notre droit public et la source de
toutes nos divisions. L'arbitraire est toujours
l'arbitraire, de quelque côté qu'il vienne, et les
mesures d'un gouvernement ne changent pas de
caractère parce qu'elles ont été délibérées par
plusieurs au lieu d'être conçues par un seul.

Les monarchistes se méprennent complétement
sur la portée de la révolution politique inaugurée
en France à la fin du dernier siècle. La France
n'a changé la forme de son gouvernement que
parce qu'elle modifiait profondément ses attribu-

tions. A son antique royauté, providence terrestre se mêlant de tout et réglant tout, elle a substitué un pouvoir uniquement chargé de gérer les inté-rêts publics sous la direction et le contrôle des citoyens. La division des pouvoirs en exécutif et législatif n'est qu'un moyen plus ou moins efficace de protéger les citoyens contre les entraînements de l'autorité publique.

Les hommes engagés dans la vie publique ou qui ont l'ambition — légitime d'ailleurs d'y entrer, peuvent attacher à l'organisation du gouvernement autant et plus d'importance qu'à sa compétence et à ses attributions. Mais à nous autres, simples citoyens, qui composons le corps de la nation, que nous importe que la loi soit l'œuvre de sept cents législateurs ou d'un seul, et le pouvoir exercé par M. Pierre ou par M. Paul? En soi, cela nous est parfaitement indifférent. Ce qui nous intéresse, ce qui nous touche, c'est qu'aucune mesure législative ne porte atteinte à nos droits personnels, à notre liberté, et que le gouvernement en respecte l'exercice. C'est à cette fin seulement que nous revendiquons avec un soin jaloux notre droit de nommer des représentants pour faire les lois et contenir le pouvoir dans ses limites naturelles.

Or, la monarchie n'a pas de raison d'être si elle n'est pas la directrice de l'opinion et de la politique du pays; il est donc dans sa nature d'empiéter sur le domaine des citoyens, puisque c'est à eux qu'il appartient d'inspirer le gouvernement; et de plus, sous son régime, la division des pouvoirs n'est qu'un mensonge.

En effet, pour que les pouvoirs fussent réellement divisés, il faudrait que le roi et la Chambre eussent la faculté d'agir indépendamment l'un de l'autre, chacun dans sa sphère. Mais il n'en est rien. S'ils délibèrent séparément, le roi et la Chambre agissent en commun et ne peuvent agir qu'en commun, puisque leur union est nécessaire pour produire l'action gouvernementale et qu'ils ont un seul et même organe d'exécution : le ministère dans lequel leur accord se manifeste. Conséquemment, le pouvoir exécutif et le pouvoir législatif n'ont chacun qu'une autorité virtuelle, et c'est leur combinaison, leur fusion, qui constitue le gouvernement et le met en mouvement. Donc, ils ne sont pas deux pouvoirs distincts, mais les deux parties du même pouvoir; et si, comme le prétendent les constitutionnels,

la souveraineté réside dans leur union, s'ils peuvent, par conséquent, modifier à leur gré la législation civile et politique, la France est leur
chose et la liberté n'est plus qu'un vain mot,
d'autant plus que par ses prérogatives et par sa
permanence la royauté annihile inévitablemeut
l'Assemblée législative.

Je sais bien que vos amis, monsieur le duc,
repoussent ces conséquences extrêmes ; mais la
logique se moque de leurs réserves, disons
mieux, de leur inconséquence. S'il n'est pas
placé au-dessus des pouvoirs constitués et en
dehors de leur action, le droit du citoyen est
nécessairement sous leur dépendance et exposé
à subir leurs atteintes. Un premier empiétement
en entraîne toujours un autre, l'arbitraire con-
duit à un plus grand arbitraire, l'administration
perd la notion de ses devoirs, la loi son autorité
morale, le peuple sa confiance dans ses gouvernants, le droit méconnu proteste et s'insurge, et
la nation devient une fois de plus la proie de la
révolution.

Vos amis, monsieur le duc, n'observent pas
assez la filiation des idées. Certes, le respect de
la loi doit être une chose sacrée pour les gou-

vernés comme pour les gouvernants. Mais la loi ne revêt son caractère auguste que si elle est une garantie pour les uns comme pour les autres. Son respect ne se commande pas par des circulaires, mais les gouvernements l'inspirent par leurs actes, et ils peuvent le ruiner aussi sûrement et plus profondément par la ruse que par la violenee.

IX

Je ne me propose pas de faire le procès au ministère de M. le duc de Broglie. Mais sa politique fournit tant de preuves à l'appui de ma thèse : — l'incompatibilité de l'esprit monarchique avec le droit public moderne, — que je ne puis me défendre de la passer rapidement en revue.

L'état de siége, autorisé comme mesure temporaire destinée à conjurer un péril public imminent, est systématiquement conservé comme moyen de gouvernement, parce qu'il permet d'interdire la fondation de nouveaux journaux et de supprimer ceux qui existent.

Est-ce là respecter le droit de tout citoyen d'exprimer sa pensée par la parole ou par l'écrit? Vainement objectera-t-on qu'il est dans les attributions du gouvernement de décréter l'état de siége et au pouvoir de l'Assemblée de le faire lever. Je ne mets pas en question le pouvoir du gouvernement, mais l'usage qu'il en fait. Or, le maintien de l'état de siége est-il, oui ou non, contraire à la lettre et à l'esprit de la loi? Si oui, la loi est violée, et la tolérance de l'Assemblée prouve qu'elle n'est pas une garantie pour les citoyens : c'est précisément ce que je soutiens.

Le ministère permet la vente sur la voie publique à certains journaux et l'interdit à d'autres. Un texte de loi lui donne la police de la voie publique, je n'y contredis pas. Mais en faisant des distinctions que la loi n'autorise pas, qu'elle ne peut pas autoriser, respecte-t-il le droit des citoyens de jouir des mêmes avantages comme ils supportent les mêmes charges?

Après s'être fait attribuer la nomination des maires pour écarter ses adversaires des municipalités, le ministère a demandé la prorogation des conseils municipaux pour retarder des élections qui auraient permis aux communes d'exprimer leur sympathie ou leur répulsion pour les nouveaux maires dont il les avait dotées. Il avait le droit de proposer ces mesures et l'Assemblée avait celui de les voter. Qui le nie ? Mais pense-t-on que cette facilité à changer la loi pour les besoins du moment soit faite pour en inspirer le respect aux populations ? La monnaie fiduciaire française ferait-elle prime sur l'or prussien si la Banque de France émettait ses billets suivant les convenances de ses administrateurs ?

Vos amis, monsieur le duc, jettent feu et flamme contre l'esprit révolutionnaire et sa fatale disposition à tout remettre en question chaque matin. J'apprécie autant qu'eux la nécessité de principes incontestés qui expriment la pensée nationale et rallient tous les Français. Mais qui donc est plus qu'eux-mêmes pénétré de la passion des changements ? Quelle est la réforme politique qu'ils ont acceptée ? Quelle liberté ont-ils respectée ? Leur besoin de faire acte d'autorité est si impérieux que le ridicule de réglementer le dernier acte de la vie ne les a pas arrêtés.

Grâce à leur haute sagesse, dans les villes où de saintes phalanges luttent encore contre l'impiété, les enterrements civils, que les journaux orthodoxes appellent dévotement des *enfouissements*, ne peuvent plus avoir lieu qu'à une heure voisine de l'aube ou du crépuscule, par les voies discrètes tracées par une autorité vigilante, et ne doivent compter qu'un nombre limité de parents et d'amis.

C'est parfait. Mais par cette réglementation particulière à ceux qui meurent en dehors des églises reconnues, l'administration appelle sur eux la réprobation publique ; elle humilie leurs parents et leurs amis, elle les blesse dans leurs sentiments les plus intimes. Où a-t-elle pris ce droit-là ? De par notre droit public, la conscience n'est-elle pas inviolable ?

Dira-t-on que les enterrements civils sont des manifestations athées dans lesquelles la conscience est désintéressée ? Sophisme ! Toutes les conceptions religieuses sont-elles formulées dans la Bible ou dans le Coran ? Parmi ces hommes que vous faites conduire à leur dernière demeure comme des réprouvés, combien ont pu mourir dans une foi plus élevée et plus pure que celle que supposent les pratiques dévotieuses ! Et s'il en est qui soient morts incrédules, de quel droit leur faites-vous un crime de leur incrédulité ? La foi dépend-elle de la volonté ? Peut-on croire ou douter à son gré ?

Qu'elle est sage et prévoyante la législation qui prescrit à l'État de se tenir respectueusement en dehors du domaine de la conscience !

Quoi qu'on en ait, la religion est un admirable instrument d'édification personnelle et la source la plus pure de la morale privée. Perfectibles et conséquemment susceptibles de grandir ou de décroître, selon que nous observons les lois de notre nature ou que nous les transgressons, nous avons besoin de vérifier notre route de temps à autre pour la rectifier si nous avons dévié. Pour faire cette reconnaissance sur nous-mêmes, il faut nous abstraire des intérêts et des influences qui ont déterminé notre marche. Comment nous dégager de ces influences et nous remettre en pleine possession de notre personne morale, si ce n'est par un acte religieux qui place devant nous, comme un juge incorruptible, notre idéal de justice et de vérité ? La religion est pour l'homme moral ce qu'est l'étoile polaire pour le navigateur : un guide sûr.

Mais elle n'exerce son action moralisatrice que
si elle est en nous comme une flamme intérieure
qui éclaire l'esprit en échauffant le cœur. Elle
exclut et repousse par cela même toute pression
extérieure, de quelque nature qu'elle soit et d'où
qu'elle vienne. Le libre-penseur qui cherche les
lois et le but de la vie avec ses seules forces,
accomplit un acte aussi religieux et peut-être plus
méritoire que le croyant prosterné dévotement au
pied des autels. L'athée lui-même n'arrive à
confesser son athéisme qu'après avoir exploré sa
conscience et combattu, lui aussi, le bon combat.
A cette hauteur, la religion est un soutien, une
espérance, une consolation, et commande plus
que le respect. Mais si elle est une arme de
guerre dans la main des partis, si elle autorise
une promiscuité honteuse entre ses doctrines
immuables et les intérêts mouvants de la politique, ceux qu'elle frappe ont le droit de se souvenir et de lui rappeler hautement que ses
dogmes, après tout, ne sont que les légendes
— souvent peu édifiantes — de peuples ignorants et grossiers.

X

Les résultats dissolvants des procédés monarchiques du ministère ne s'arrêtent pas là. Il est naturel et très-légitime que les partis se disputent le pouvoir et cherchent à le conserver quand ils le possèdent. Mais quelles que soient les mains qui le détiennent, le gouvernement appartient à la France, non à un parti, et ses actes ne doivent avoir pour but que le bien général. Les discussions de la tribune ne sont qu'un mode de délibération. Après le vote, les résolutions de l'Assemblée sont l'œuvre collective de tous ses membres, sans distinction, et elles doivent être également appliquées à tous les citoyens.

Ce n'est pas ainsi que le ministère comprend et pratique le gouvernement. Pour lui, gouverner, c'est combattre les idées politiques opposées aux siennes et les personnes qui les représentent ; et comme il les rencontre partout, dans les assem-

blées locales comme chez les particuliers, il poursuit dans le pays les luttes qu'il a soutenues à la
tribune, et des décisions législatives il se fait
des armes contre ses adversaires. De là des conflits et même des polémiques à faire douter qu'il
ait le sentiment de la dignité du commandement.

Ce n'est pas tout. A l'exemple des ministres,
des magistrats, des évêques, des fonctionnaires
de tout ordre se croient tenus de faire de la politique et de lancer, eux aussi, leur anathème à
ceux qu'ils considèrent comme les ennemis de la
religion et de la société. C'est ainsi que dans une
audience solennelle, peu de temps après le
24 mai, un honorable magistrat du Midi démon-
trait que le gouvernement de M. Thiers nous
conduisait tout droit aux abîmes.

Sans doute, parce qu'il est revêtu d'un caractère public, un citoyen ne perd pas son droit
d'exprimer et de publier librement ses opinions
politiques. Sa situation peut lui conseiller plus de
réserve, mais il jouit de la même liberté que ses
concitoyens. Mais c'est le citoyen qui est libre,
non le fonctionnaire. Dans l'exercice de ses
fonctions, du haut au bas de l'échelle, toute personne publique doit se renfermer scrupuleu-

sement dans les choses de sa fonction, et ne jamais s'écarter du style sobre et mesuré de la langue juridique.

Tout ce désordre, toute cette anarchie sont la conséquence inévitable de l'ingérence du gouvernement dans le domaine privé du citoyen. Du moment où il se jette dans la mêlée, ses fonctionnaires zélés se croient obligés de le suivre, et ils y compromettent, comme lui, leur autorité morale et leur dignité.

En dehors de son principe, — qu'il a le devoir de faire respecter, — le gouvernement doit observer la neutralité la plus absolue dans la lutte des idées politiques, religieuses et économiques. Il se justifie par ses actes, et sauf à la tribune, où il expose sa politique aux représentants du pays, il n'a jamais à se défendre.

Mais il faut pour cela renoncer à diriger la conscience et à façonner l'esprit des citoyens, et c'est un sacrifice que la Monarchie ne peut pas faire.

XI

Il est démontré, je crois, que les principes et les doctrines de la Monarchie ne permettent pas d'en dégager le gouvernement que réclame la France moderne. C'est que ce gouvernement et la République sont identiques.

La République, en effet, n'est pas un concept politique, une doctrine de gouvernement qui cherche à s'imposer. Elle est simplement le moule où s'écoule et où se fixe la pensée de la France. Elle est aussi le bouclier de notre droit public, puisqu'elle se confond avec lui.

La République n'est pas la chose d'un parti, d'une école. Elle appartient à tous les Français indistinctement et au même titre. Personnification morale et politique de la France, elle ne peut ni ne veut mutiler son histoire et respecte tous les souvenirs.

En elle se fondent naturellement tous les partis parce que tous y ont leur place et leur part d'influence, puisqu'elle est la France, toute la France, rien que la France.

Quel autre parti peut se flatter de rconstituer jamais l'unité de notre esprit national?

Vos amis se préoccupent, monsieur le duc, de la défense des intérêts conservateurs. Qui peut les protéger plus efficacement que le gouvernement républicain? Sous quelque régime qu'elle vive, la France renfermera toujours les mêmes éléments, bons ou mauvais. La République condamne les mauvais à l'isolement et à l'impuissance. La Monarchie leur donne fatalement des alliés dans les partis qu'elle exclut de la vie politique.

Et dans le pays, quels soutiens possède la République qui font absolument défaut à la Monarchie! A part quelques familles que leurs sympathies ou leurs intérêts rattachent à l'une des anciennes dynasties, et quelques ambitieux qui ont espéré en faire l'instrument de leur fortune, qui, en France, prend souci de la Monarchie? On lui a fait une petite clientèle en dénigrant systématiquement la République, en faisant appel aux passions les moins nobles, et en la présentant aux timorés comme la seule digue contre le socialisme et les appétits brutaux des masses. Mais ces braves gens se disent, avec raison, que si elle est la force protectrice qui leur est promise, elle prouvera sa mission en commençant par s'établir d'autorité, et ils ne feront pas plus d'efforts pour faciliter son avénement, qu'ils n'en feraient pour empêcher sa chute si elle était restaurée. Ceux qui demandent un sauveur sont peu enclins à jouer le rôle de protecteurs. En résumé, la Monarchie a un nombreux état-major, mais pas d'armée.

Le camp républicain est autrement composé. Là aussi, on compte beaucoup d'officiers, parmi lesquels plusieurs ont conquis une certaine renommée et fait preuve de quelque mérite. Mais l'armée ne se nombre pas, tant elle est considérable. Elle marcherait au besoin sans chefs, parce que chaque soldat, par instinct ou par raison, veut la République et ne veut qu'elle, non par peur ou par intérêt personnel, mais parce qu'elle exprime sa foi politique. Cette confiance dans la légitimité de sa cause lui donne une force de résistance et d'attraction que les anciens partis ne soupçonnent pas. La retraite de quelques personnages désorganiserait les anciens

partis et les réduirait à l'impuissance. Le parti
républicain perdrait tous ses chefs qu'il ne serait
pas entamé.

XII

Quelques mots pour conclure et j'ai fini.

Depuis un an qu'ils sont au pouvoir, M. le duc
de Broglie et ses amis ont poursuivi une œuvre
ingrate, impossible, sans issue. Que ne sont-ils
dans nos ateliers, dans nos magasins, dans nos
salons, pour entendre les jugements portés sur
leur politique par leurs partisans aussi bien que
par leurs adversaires ! Ils comprendraient bientôt
que rien n'est plus propre à détruire le sentiment
du respect dans toutes les classes que de gouverner un pays au rebours de sa volonté manifeste, avec des formes libérales. Le despotisme
sans fard est infiniment moins démoralisant. Les
hommes d'Etat ne se meuvent plus dans la
pénombre et loin du vulgaire. Ils sont au niveau
de la foule qui les examine et les détaille sans
scrupule. La politique intérieure ne se traite

plus en petit comité et portes closes, mais au grand jour. Aussi, parmi les ouvriers revenant le soir de leur atelier, en peut-on rencontrer qui comparent, rapprochent, critiquent et jugent les actes de nos ministres avec une pénétration d'esprit que plus d'un homme politique pourrait leur envier.

Le ministère doit voir maintenant qu'il fait fausse route et reconnaître la nécessité de changer de voie. D'ailleurs, la France est lasse du provisoire, elle veut un gouvernement définitif, c'est pour elle une question de vie ou de mort, et la maintenir dans cet état d'anxiété fébrile quand elle a déjà traversé plus de trois années de marasme, serait si monstrueux, si odieux, si criminel, que pas un honnête homme n'en peut avoir la pensée.

L'Assemblée nationale est trop pénétrée de la grandeur de sa mission et de sa responsabilité devant l'histoire, pour rester sourde aux vœux de la France. Elle va donc organiser le gouvernement républicain de M. le maréchal de Mac-Mahon, et vous et vos amis, monsieur le duc, vous donnerez votre concours à cette œuvre patriotique. Si vous n'en êtes les promoteurs, votre dévouement à la France vous en rendra du moins les témoins loyaux et bienveillants.

Un peu plus tôt, un peu plus tard, tous viendront à la République. De même que la royauté française a absorbé toutes les souverainetés particulières, l'opinion républicaine absorbera tous les partis monarchiques, parce qu'elle contient tout ce qu'il y a encore de vrai, de vivace, dans leurs principes de gouvernement et d'administration, et qu'elle possède de plus, dans son respect absolu de la liberté et de la dignité humaine, une puissance d'équilibre qui maintient ou élève chacun à son rang tout naturellement, sans compression ni violence.

Prenons un exemple. Vos amis s'ingénient à chercher les moyens de conserver le pouvoir à ce qu'ils nomment les classes dirigeantes, dans la crainte que le suffrage universel ne le livre à des incapables ou à des indignes. Leur sollicitude repose sur une idée juste, mais elle leur inspire de fausses mesures.

Il est incontestable qu'un peuple ne peut être bien gouverné que par son élite, par ses sommités, et qu'il ne doit pas prendre ses légistateurs ni ses administrateurs dans ses couches inférieures, d'autant plus que les mandats politiques étant temporaires, ceux qui en sont revêtus deviennent nécessairement des déclassés s'ils n'ont conquis préalablement une situation indépendante.

Mais cela fait-il que la société française soit constituée autrement qu'elle ne l'est? Pour conserver le pouvoir aux classes dirigeantes, il faut d'abord qu'elles existent. Où sont-elles? Une collection d'individus plus ou moins titrés, plus ou moins riches, plus ou moins lettrés, ne constitue pas une classe, surtout une classe dirigeante, si elle n'a pas d'intérêts particuliers qui lui assignent une place spéciale dans la société. Une classe dirigeante, ou pouvant l'être, est celle qui occupe dans l'État une situation distincte qui solidarise tous ses membres par des droits et des devoirs qui lui sont propres, et rien de semblable n'existe plus en France.

Cependant, il est reconnu que le personnel gouvernemental doit être pris dans l'élite du pays. Sans doute ; mais cette vérité est tellement évidente, elle s'impose avec une telle autorité, que même dans les périodes révolutionnaires, où la notoriété est à la portée du premier venu et se

conquiert si vite et à si bon marché, le suffrage universel a toujours pris ses représentants
dans les premiers rangs de la société, sauf de
rares exceptions qui ne font que confirmer la
règle. J'ajoute que ces exceptions étaient dou-
blement justifiées par les circonstances et par
l'honorabilité et le mérite des personnes qui en
ont été l'objet. Vos amis demandent une chose
juste, mais elle l'est au point de s'accomplir toute
seule, et ils prennent une peine inutile et s'en-
gagent dans une mauvaise voie en cherchant à
légiférer sur des sujets qui sont régis par le
sens commun.

Que vos amis se rassurent! Sous la République comme sous la Monarchie, les grandes
familles ne jouiront pas seulement en paix de
leur illustration et de leur fortune, elles occupe-
ront de plus une large place dans le gouvernement de l'État. Les républicains les plus ardents
n'ont-ils pas provoqué et soutenu plusieurs can-
didatures nobiliaires, prouvant ainsi qu'ils veulent choisir pour leurs représentants, parmi les
défenseurs sincères de la République, les plus
considérés par leur naissance comme par leur
fortune et leur mérite ?

La République ne détruira pas la divergence de nos idées, mais elle leur donne un cadre où elles lutteront pacifiquement. Elle ne rendra pas notre sol plus fertile ni nos impôts moins lourds, mais elle nous assure la stabilité et l'ordre vrai, et avec la stabilité, le commerce et l'industrie renaîtront.

Ce gouvernement réparateur est dans les mains de vos amis, monsieur le duc ; il dépend d'eux de nous le donner et de s'y faire la première place. Pourquoi nous le refuseraient-ils ? Aucun peuple a-t-il jamais remonté le cours de son histoire ? Nos institutions sociales ne sont-elles pas éminemment démocratiques, et conséquemment républicaines ? Pour l'observateur un peu attentif, n'est-il pas clair comme le jour que le trouble de la société française est dû aux anciennes habitudes qui ont survécu à l'esprit monarchique dans un certain nombre d'intelligences et font qu'elles s'ignorent encore ? Et comme tout organisme contenant un corps étranger, la France ne doit-elle pas les éliminer pour rétablir son équilibre ? Il est impossible que ces considérations ne se soient pas présentées à la pensée de vos amis, monsieur le duc, et n'aient pas déterminé leur patriotisme à organiser enfin la République.

Mais s'ils persistent dans leur lutte impie contre les conséquences légitimes des principes de liberté dont ils se disent les apôtres, si leur politique factieuse nous voue, nous et nos enfants, aux terribles représailles que j'entrevois, qu'ils renoncent du moins à l'espoir de jamais édifier leur régime bâtard ! Oppression pour oppression, nous préférons celle qui s'affiche hardiment et nous fait grâce de l'hypocrisie ; et si leurs folles préventions sont assez tenaces pour nous condamner à une nouvelle dictature, ce nous sera une consolation de les voir, — ainsi que le pronostiquait récemment le principal organe bonapartiste avec son atticisme accoutumé, — « réduits comme nous à ne remuer ni pied ni patte ».

Daignez agréer, etc.

UN COMMERÇANT.

Paris le 3 mai 1874.

Paris.. — Imp. Moderne (Barthier, d‌r), rue J.-J .